건강보험 심사평가원

직업기초능력평가 모의고사

[전산직]

제 1 회	영 역	의사소통능력, 수리능력, 문제해결능력, 정보능력
	문항수	50문항
	시 간	60분
	비 고	객관식 5지선다형

SEOWONGAK
(주)서원각

1. 다음은 어느 공문서의 내용이다. 잘못된 부분을 수정하려고 할 때 옳지 않은 것은?

대한기술평가원

수신자 : 대한기업, 민국기업, 만세기업, 사랑기업, 서준기업 등 (경유)

제목 : 2015년 하반기 기술신용보증 및 기술평가 설명회 안내

〈중략〉

-아래-

1. 일시 : 2015년 8월 6일 목요일 ~ 8월 9일 일요일
2. 장소 : 대한기술평가원 대강당(서울 강남구 삼성동 소재)
3. 접수방법 : 대한기술평가원 홈페이지(fdjlkkl@dh.co.kr)에서 신청서 작성 후 방문 및 온라인 접수

붙임 : 2015년 하반기 기술신용보증 및 기술평가 설명회 신청서 1부

대한기술평가원장

과장 홍길동   부장 임꺽정   대결 홍경래
협조자
시행 : 기술신용보증평가부-150229(2015.06.13)
접수 : 서울 강남구 삼성동 113 대한기술평가원 기술신용보증평가부 /http : //www.dh.co.kr
전화 : 02-2959-2225
팩스 : 02-7022-1262/fdjlkkl@dh.co.kr/공개

---

① 시행 항목의 시행일자 뒤에 수신기관의 문서보존기간을 삽입해야 한다.
② 붙임 항목 맨 뒤에 ".'을 찍고 1자 띄우고 '끝.'을 기입해야 한다.
③ 일시의 연월일을 온점(.)으로 고쳐야 한다.
④ 수신자 목록을 발신명의 아래에 수신처 참조 목록으로 내려 기입해야 한다.
⑤ 일시에 요일을 표기할 때에는 목요일, 일요일이 아닌 (목), (일)로 표기해야 한다.

2. 다음 글은 사회보장제도와 국민연금에 관한 내용이다. 다음 글을 읽고 정리한 〈보기〉의 내용 중 빈칸 ㉮, ㉯에 들어갈 적절한 말이 순서대로 나열된 것은 어느 것인가?

산업화 이전의 사회에서도 인간은 질병·노령·장애·빈곤 등과 같은 문제를 겪어 왔습니다. 그러나 이 시기의 위험은 사회구조적인 차원의 문제라기보다는 개인적인 문제로 여겨졌습니다. 이에 따라 문제의 해결 역시 사회구조적인 대안보다는 개인이나 가족의 책임 아래에서 이루어졌습니다.

그러나 산업사회로 넘어오면서 환경오염, 산업재해, 실직 등과 같이 개인의 힘만으로는 해결하기 어려운 각종 사회적 위험이 부각되었고, 부양 공동체 역할을 수행해오던 대가족 제도가 해체됨에 따라, 개인 차원에서 다루어지던 다양한 문제들이 국가 개입 필요성이 요구되는 사회적 문제로 대두되기 시작했습니다.

이러한 다양한 사회적 위험으로부터 모든 국민을 보호하여 빈곤을 해소하고 국민생활의 질을 향상시키기 위해 국가는 제도적 장치를 마련하였는데, 이것이 바로 사회보장제도입니다. 우리나라에서 시행되고 있는 대표적인 사회보장제도는 국민연금, 건강보험, 산재보험, 고용보험, 노인장기요양보험 등과 같은 사회보험제도, 기초생활보장과 의료보장을 주목적으로 하는 공공부조제도인 국민기초생활보장제도, 그리고 노인·부녀자·아동·장애인 등을 대상으로 제공되는 다양한 사회복지서비스 등이 있습니다. 우리나라의 사회보장제도는 1970년대까지만 해도 구호사업과 구빈정책 위주였으나, 1970년대 후반에 도입된 의료보험과 1988년 실시된 국민연금제도를 통해 그 외연을 확장할 수 있었습니다.

이처럼 다양한 사회보장제도 중에서 국민연금은 보험원리에 따라 운영되는 대표적인 사회보험제도라고 할 수 있습니다. 즉, 가입자, 사용자로부터 일정액의 보험료를 받고, 이를 재원으로 사회적 위험에 노출되어 소득이 중단되거나 상실될 가능성이 있는 사람들에게 다양한 급여를 제공하는 제도입니다. 국민연금제도를 통해 제공되는 급여에는 노령으로 인한 근로소득 상실을 보전하기 위한 노령연금, 주소득자의 사망에 따른 소득상실을 보전하기 위한 유족연금, 질병 또는 사고로 인한 장기 근로능력 상실에 따른 소득상실을 보전하기 위한 장애연금 등이 있으며, 이러한 급여를 지급함으로써 국민의 생활안정과 복지증진을 도모하고자 합니다.

〈보기〉

사회 보장 (광의)	사회 보장 (협의)	사회 보험	건강보험, (가), 고용보험, 노인장기요양보험
			공적연금 : 노령연금, 유족연금, (나)
		공공부조 : 생활보장, 의료보장, 재해보장	
		사회복지서비스(노인·부녀자·아동·장애인복지 등)	
	관련 제도	주택 및 생활환경, 지역사회개발, 공중보건 및 의료	
		영양, 교육, 인구 및 고용대책	

① 연금급여, 사회보험
② 산재보험, 장애연금
③ 사회보험, 연금급여
④ 사회보험, 장애연금
⑤ 장애연금, 산재보험

3. 다음 청첩장의 용어를 한자로 바르게 표시하지 못한 것은?

알림

그동안 저희를 아낌없이 돌봐주신 여러 어른들과 지금까지 옆을 든든히 지켜준 많은 벗들이 모인 자리에서 저희 두 사람이 작지만 아름다운 <u>결혼식</u>을 올리고자 합니다. 부디 바쁘신 가운데 잠시나마 <u>참석</u>하시어 자리를 빛내주시고 새로운 출발을 하는 저희들이 오랫동안 <u>행복</u>하게 지낼 수 있도록 <u>기원</u>해 주시기 바랍니다.

고○○ · 허○○ 의 장남 희동
박○○ · 장○○ 의 차녀 선영

다음

1. 일시 : 2015년 10월15일 낮 12시 30분
2. 장소 : 경기도 파주시 ○○구 ○○동 좋아웨딩홀 2층 사파이
   어홀
3. 연락처 : 031-655-××××

첨부 : 좋아웨딩홀 장소 <u>약도</u> 1부

---

① 결혼식 – 結婚式　　② 참석 – 參席
③ 행복 – 幸福　　　　④ 기원 – 起源
⑤ 약도 – 略圖

4. 다음은 정보공개 청구권자에 대한 자료이다. 이 자료에서 잘못 쓰여 진 글자는 모두 몇 개인가?

정보공개 청구권자

○ 모든 국민
 • 미성년자, 재외국민, 수형인 등 포함
 • 미성년자에 의한 공개청구에 대하여 법률상 별도의 규정이 없으나, 일반적으로 미성년자는 사법상의 무능력자로서 단독으로는 완전한 법률행위가 불가능하다. 그러나 무능력자의 범위는 대체로 재산보호를 위해 설정된 것이며, 정보공개와 같은 성질의 행위는 다음과 같은 경우에는 가능하다고 본다.
  –중학생 이하 : 비용부담능력이 없기 때문에 단독으로 청구하는 것은 인정하지 않으며, 친권자 등 법정대시인에 의한 청구가 가능
  –고등학생 이상 : 공개제도의 취지, 내용 등에 대하여 충분히 이해가 가능하고 비용부담능력이 있다고 판단되므로 단독청구 가능
○ 법인
 • 사법상의 사단법인 · 재란법인, 공법상의 법인(자치단체 포함), 정부투기기관, 정부출연기관 등
 • 법인격 없는 단체나 기관 포함
○ 외국인
 • 국내에 일정한 주소를 두고 거주하는 자
 • 학술 · 연구를 위하여 일시적으로 체유하는 자
 • 국내에 사무소를 두고 있는 법인 또는 단체
※ 제외대상 : 외국거주자(개인, 법인), 국내 불법체류 외국인 등

---

① 1개　　　　　　　② 2개
③ 3개　　　　　　　④ 4개
⑤ 5개

5. 다음은 '전교생을 대상으로 무료급식을 시행해야 하는가?'라는 주제로 철수와 영수가 토론을 하고 있다. 보기 중 옳지 않은 것은?

> 철수 : 무료급식은 급식비를 낼 형편이 없는 학생들을 위해서 마련되어야 하는데 지금 대부분의 학교에서는 이 아이들뿐만 아니라 형편이 넉넉한 아이들까지도 모두 대상으로 삼고 있으니 이는 문제가 있다고 봐.
>
> 영수 : 하지만 누구는 무료로 급식을 먹고 누구는 돈을 내고 급식을 먹는다면 이는 형평성에 어긋난다고 생각해. 그래서 난 이왕 무료급식을 할 거라면 전교생에게 동등하게 그 혜택이 돌아가야 한다고 봐.
>
> 철수 : 음… 돈이 없는 사람은 무료로 급식을 먹고 돈이 있는 사람은 돈을 내고 급식을 먹는 것이 과연 형평성에 어긋난다고 할 수 있을까? 형평성이란 국어사전을 찾아보면 형평을 이루는 성질을 말하잖아. 여기서 형평이란 균형이 맞음. 또는 그런 상태를 말하는 것이고. 그러니까 형평이란 다시 말하면…
>
> 영수 : 아, 그래 네가 무슨 말을 하려고 하는지 알겠어. 그런데 나는 어차피 무료급식을 할 거라면 전교생이 다 같이 무료급식을 했으면 좋겠다는 거야. 그래야 서로 불화도 생기지 않으니까. 그리고 누구는 무료로 먹고 누구는 돈을 내고 먹을 거라면 난 차라리 무료급식을 안 하는 것이 낫다고 생각해.
>
> 철수 : 그래, 네 말처럼 누구는 무료로 먹고 누구는 돈을 내고 먹는다면 서로 불화가 생길 수도 있겠지. 하지만 그런 걱정 때문에 무료급식을 하지 않는다고 하면, 급식비를 낼 형편이 없는 학생들이 굶는 것에 대한 책임은 네가 질거니?

① 위 토론에서 철수는 주제에서 벗어난 말을 하고 있다.
② 영수는 상대방의 말을 자르고 자기주장만을 말하고 있다.
③ 영수는 자신의 주장이 뚜렷하지 않다.
④ 위 토론의 주제는 애매모호하므로 주제를 수정해야 한다.
⑤ 철수는 영수의 의견에 일부 동의하고 있다.

6. 다음에 주어진 자료를 활용하여 '능률적인 업무 처리 방법 모색'에 대한 기획안을 구상하였다. 적절하지 않은 것은?

> (가) 한 나무꾼이 땔감을 구하기 위해 열심히 나무를 베고 있었는데 갈수록 힘만 들고 나무는 잘 베어지지 않았다. 도끼날이 무뎌진 것을 알아채지 못한 것이다. 나무꾼은 지칠 때까지 힘들게 나무를 베다가 결국 바닥에 드러눕고 말았다.
>
> (나) 펜을 떼지 말고 한 번에 점선을 모두 이으시오. (단, 이미 지난 선은 다시 지날 수 없다.)

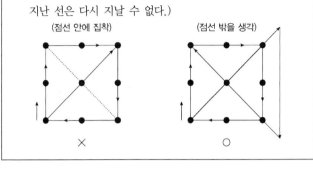

(점선 안에 집착)   (점선 밖을 생각)
×   ○

(가)		(나)
날이 무딘 도끼로 나무를 베는 것은 비능률적인 일이다.	자료해석	점선 안에만 집착하면 문제를 해결하지 못한다.
↓①	↓	↓②
근본적인 원인을 찾아야 문제를 해결할 수 있다.	의미추출	고정된 사고의 틀을 벗어나는 창의적 발상이 필요하다.
	↓	
끈기 있게 노력하지 않고 좋은 결과를 바라는 업무 태도를 개선하는 데 적용한다. ③	적용 대상 모색	고정 관념에 빠져 새로운 문제 해결 방안을 모색하지 못하는 업무 태도를 개선하는 데 적용한다. ④

↓

주제 발견 : 문제의 진단과 해결 방안의 모색 ⑤

7. 다음은 시공업체 선정 공고문의 일부이다. 이를 통해 알 수 있는 경쟁 매매 방식에 대한 적절한 설명을 모두 고른 것은?

시공업체 공고문

공고 제2016-5호
○○기업의 사원연수원 설치에 참여할 시공업체를 다음과 같이 선정하고자 합니다.
1. 사업명 : ○○기업의 사원연수원 설치 시공업체 선정
2. 참가조건 : △△ 지역 건설업체로 최근 2년 이내에 기업 연수원 설치 참여 기업
3. 사업개요 : ○○기업 홈페이지 공지사항 참고
4. 기타 : 유찰 시에는 시공업체 선정을 재공고 할 수 있음

㉠ 입찰 참가자는 주로 서면으로 신청한다.
㉡ 최저 가격을 제시한 신청자가 선정된다.
㉢ 신속하게 처리하기 위한 경매에 해당한다.
㉣ 판매자와 구매자 간 동시 경쟁으로 가격이 결정된다.

---

① ㉠㉡
② ㉠㉢
③ ㉡㉢
④ ㉢㉣
⑤ ㉠㉢㉣

8. 다음은 (주)○○의 자금 조달에 관한 대화이다. 이 대화에서 재무 팀장의 제시안을 시행할 경우 나타날 상황으로 적절한 것을 모두 고른 것은?

사장 : 독자적인 신기술 개발로 인한 지식 재산권 취득으로 생산 시설 확충 자금이 필요합니다.
사원 : 주식이나 채권발행이 좋을 것 같습니다.
재무팀장 : 지식 재산권 취득으로 본사에 대한 인지도가 높아졌기 때문에 보통주 발행이 유리합니다.

㉠ 자기 자본이 증가하게 된다.
㉡ 이자 부담이 증가하게 된다.
㉢ 투자자에게 경영 참가권을 주어야 한다.
㉣ 투자자에게 원금 상환 의무를 지게 된다.

---

① ㉠㉡
② ㉠㉢
③ ㉡㉢
④ ㉢㉣
⑤ ㉡㉢㉣

┃9~10┃ 다음 글을 읽고 물음에 답하시오.

최근 국제 시장에서 원유(原油) 가격이 가파르게 오르면서 세계 경제를 크게 위협하고 있다. 기름 한 방울 나지 않는 나라에 살고 있는 우리로서는 매우 어려운 상황이 아닐 수 없다. 에너지 자원을 적극적으로 개발하고, 다른 한편으로는 에너지 절약을 생활화해서 이 어려움을 슬기롭게 극복해야만 한다.

다행히 우리는 1970년대 초부터 원자력 발전소 건설을 적극적으로 추진해 왔다. 그 결과 현재 원자력 발전소에서 생산하는 전력이 전체 전력 생산량의 약 40퍼센트를 차지하고 있다. 원자력을 주요 에너지 자원으로 활용함으로써 우리는 석유, 석탄, 가스와 같은 천연 자원에 대한 의존도를 어느 정도 낮출 수 있게 되었다.

그러나 그 정도로는 턱없이 부족하다. 전체 에너지 자원의 97퍼센트를 수입하는 우리는 절약을 생활화하지 않으면 안 된다. 많은 국민들은 아직도 '설마 전기가 어떻게 되랴.'하는 막연한 생각을 하면서 살고 있다. 한여름에도 찬 기운을 느낄 정도로 에어컨을 켜 놓은 곳도 많다. 이것은 지나친 에너지 낭비이다. 여름철 냉방(冷房) 온도를 1도만 높이면 약 2조 5천억 원의 건설비가 들어가는 원자로 1기를 덜 지어도 된다. ㉠'절약이 곧 생산'인 것이다.

에너지를 절약하는 방법에는 여러 가지가 있다. 가까운 거리는 걸어서 다니기, 승용차 대신 대중교통이나 자전거 이용하기, 에너지 절약형 가전제품 쓰기, 승용차 요일제 참여하기, 적정 냉·난방 온도 지키기, 사용하지 않는 가전제품의 플러그 뽑기 등이 모두 에너지를 절약하는 방법이다.
또, 에너지 절약 운동은 일회성으로 그쳐서는 안 된다. 그것은 반복적이고 지속적으로 실천해야만 할 과제이다. 국가적 어려움을 극복하기 위해서는 얼마간의 개인적 불편을 기꺼이 받아들이겠다는 마음가짐이 필요하다.

㉡에너지 절약은 더 이상 선택 사항이 아니다. 그것은 생존과 직결되므로 반드시 실천해야 할 사항이다. 고유가(高油價) 시대를 극복하기 위해서는 우리 모두 허리띠를 졸라매는 것 외에는 다른 방법이 없다. 당장 에어컨보다 선풍기를 사용해서 전기 절약을 생활화해 보자. 온 국민이 지혜를 모으고 에너지 절약에 적극적으로 동참한다면 우리는 이 어려움을 슬기롭게 극복할 수 있을 것이다.

---

9. ㉠에 담긴 의미로 적절한 것은?

① 절약을 하게 되면 생산이 감소한다.
② 절약으로 전력 생산량을 증가시킨다.
③ 절약은 절약일 뿐 생산과는 관련이 없다.
④ 생산을 줄이면 절약을 하게 된다.
⑤ 절약하면 불필요한 생산을 하지 않아도 된다.

10. ⓛ에 대한 반응으로 가장 적절한 것은?

① 새로운 에너지 개발은 불가능하다.

② 에너지 절약 제품이 더 비싸질 것이다.

③ 에너지가 풍부할 때 실컷 사용해야 한다.

④ 에너지 절약은 생존의 문제이므로 꼭 실천해야 한다.

⑤ 대체 에너지 사용을 늘려야 한다.

┃11~12┃ 다음 글을 읽고 물음에 답하시오.

5월, 일 년 중에서 가장 좋은 계절이다. 누구나 한번쯤 어디론가 여행을 떠나고 싶어진다. 봄이 무르익어 가면서 특별히 여행을 좋아하지 않는 사람들도 답답한 일상(日常)에서 벗어나 강물이 흐르고 산이 푸른 어딘가로 여행을 떠나고 싶어진다. 평소에 가 보고 싶었던 곳이 있으면, 이번 주말에 가족들과 함께 여행을 떠나 보는 것이 좋을 것이다.

'하회 마을'하면 가장 먼저 떠오르는 것이 바로 하회 별신굿 탈놀이이다. 하회 별신굿 탈놀이는 가장 인기 있는 볼거리이다. 중요 무형 문화재 제 69호인 하회 별신굿 탈놀이는 매주 토요일과 일요일 오후 3시, 탈놀이 전시관 상설 무대에서 열린다. 하회 마을의 입구에 있는 탈 박물관에 들러, 하회탈을 구경하고 탈놀이를 관람하면 더욱 좋다.

일정에 여유가 있으면 하회 마을뿐만 아니라, 주변의 관광지까지 둘러보면 더욱 좋다. 안동의 대표적인 관광지로는 민속 박물관과 도산 서원이 있다.

수도권에서 하회 마을에 다녀가려면 최소한 1박 2일의 일정을 잡는 것이 좋다. 하회 별신굿 탈놀이가 상설 공연이 토요일과 일요일 오후 3시에 열리는 것을 고려해서, 먼저 안동 주변의 다른 관광지를 둘러보고 다음 날 하회의 탈놀이를 관람하는 것도 좋다. 특히 명절 때에는 하회 마을에서 여러 행사가 열리므로 이를 고려해서 여행 일정을 잡으면 더욱 알찬 여행이 될 것이다. 올 봄 하회 여행은 조상들의 삶을 만나고 우리 문화도 맛보는 좋은 기회가 될 것이다. 가족들과 함께 하회 마을로 떠나는 준비를 해 보자.

11. 주어진 글을 쓴 목적으로 가장 적절한 것은?

① 하회 마을 여행을 안내하기 위해

② 하회 마을의 문화유산을 설명하기 위해

③ 하회 마을의 아름다운 경치를 보존하기 위해

④ 하회 마을의 탈놀이를 홍보하기 위해

⑤ 여행의 즐거움을 알리기 위해

12. 다음 〈보기〉는 이 글을 쓰면서 글쓴이가 생각한 내용이다. 〈보기〉와 관련된 글쓰기의 유의 사항으로 적절한 것은?

〈보기〉

독자들의 호기심을 유발하면서 친근감을 표현하기 위해 질문의 형식으로 표현하는 것이 괜찮겠어. 또, 하회 마을이 많은 관광객이 찾는 인기 있는 관광지라는 사실을 강조하는 내용도 추가하면 훨씬 설득력이 있을 것 같군.

① 글의 주제나 형식에 맞게 개요를 작성하는 것이 좋다.

② 글의 통일성을 해치는 내용은 전체적인 흐름에 비추어 삭제하는 것이 좋다.

③ 독자들의 관심을 끌고 이해를 돕는 내용과 형식으로 적절하게 조정하고 점검해야 한다.

④ 자신의 의도와 독자의 흥미, 수준을 고려하면서 주제와 관련된 다양한 내용을 마련해야 한다.

⑤ 글의 신뢰도를 높이기 위해서는 올바른 맞춤법을 사용하는 것이 좋다.

┃13~14┃ 다음은 어느 좌담의 일부이다. 이를 읽고 물음에 답하시오.

사회자 : 안녕하십니까? 최근 유네스코 총회에서 문화 다양성 협약이 채택되었습니다. 오늘 이 자리에서는 전문가 두 분을 모시고 이에 대한 이야기를 나누어 보겠습니다. 먼저 김 교수님, 이 협약이 갖는 의의에 대해 말씀해 주시겠습니까?

김 교수 : 네, 우선 문화 다양성 협약이란 세계 각국의 문화적 다양성을 인정하는 국제 협약입니다. 즉, 각 나라가 자국의 문화 정책을 수립함에 있어 그 자주권을 보장하는 국제 규범으로, 이에 대한 국제법적 근거가 마련되었다는 점에서 의의를 가진다고 볼 수 있습니다.

사회자 : 네, 언뜻 들었을 때 자국의 문화 정책을 수립하는 데 있어 자주권을 보장하는 국제 규범이 왜 필요한지 이해가 잘 되지 않는데요. 이 협약이 채택된 배경에 대해 이 교수님께서 설명 좀 부탁드립니다.

이 교수 : 네, 현재 국제 사회는 세계화에 발맞춰 모든 영역에서 자유시장화를 추구해 왔습니다. 문화 영역 역시 예외가 아니었는데요. 그 결과로 몇몇 강대국의 대중 문화가 전 세계의 문화를 지배하여 약소국의 고유한 문화적 정체성이 흔들릴 위기에 처했습니다. 이번 문화 다양성 협약의 채택은 이러한 배경에서 탄생한 것으로, 문화 영역을 다른 상품과 마찬가지로 단순히 산업으로만 보아서는 안 된다는 것을 전제로 한 것이라고 할 수 있습니다.

사회자 : 네, 그렇군요. 그럼 이 협약이 우리나라의 문화 산업이나 문화 정책에는 어떤 영향을 미칠까요?

이 교수 : 저는 이번 협약의 체결이 앞으로 우리 문화 산업에 긍정적인 영향을 줄 것이라고 전망합니다. 문화 산업 육성과 관련된 제도적 보완 장치를 도입하여 우리 문화 산업이 안팎으로 경쟁력을 확보할 수 있는 바탕이 마련되었다고 할 수 있으니까요.

김 교수 : 네, 저 역시도 이 교수님의 의견에 동의합니다. 다만, 이 협약의 근본 바탕이라고 할 수 있는 문화 다양성의 뜻을 다시 한 번 새기고 다른 나라의 문화도 균형 있게 받아들일 수 있는 자세가 필요하다는 것도 잊지 말았으면 합니다.

사회자 : 네, 말씀 잘 들었습니다. 그런데 일부 국가에서 이 협약에 강하게 반발하고 있는 것으로 알고 있는데요. 이 협약이 앞으로 얼마나 실효성을 가질지 의문입니다. 이 점에 대해 말씀해 주시겠습니까?

이 교수 : 글쎄요. 대다수 국가가 이 협약에 찬성을 하여 채택했지만 실질적인 영향력을 가지는 문화 산업 강대국에서 비준에 동의하지 하지 않는다면 자칫 선언적인 차원에 머물 가능성이 있습니다.

김 교수 : 네, 그렇습니다. 그러므로 우리나라와 입장이 비슷한 다른 나라들과 연대하여 이 협약이 비준될 수 있도록 노력해야 한다고 생각합니다.

13. 이 좌담을 통해 알 수 없는 내용은?

① 협약의 의의
② 협약 채택의 배경
③ 협약에서 규정하고 있는 문화적 다양성의 개념
④ 협약의 실효성에 대한 전망
⑤ 협약이 우리나라의 문화 산업에 미칠 영향

14. 김 교수의 의사소통 방식을 평가한 것으로 가장 적절한 것은?

① 다양한 통계 수치를 들며 전문성을 과시하고 있다.
② 상대방의 의견에 공감하며 자신의 의견을 덧붙이고 있다.
③ 권위자의 이론을 빌려 자기 의견의 타당성을 입증하고 있다.
④ 다양한 사례를 제시하며 동의를 구하고 있다.
⑤ 긍정적 면과 부정적인 면을 구분하여 정리하고 있다.

15. 표는 A씨의 금융 상품별 투자 보유 비중 변화를 나타낸 것이다. (가)에서 (나)로 변경된 내용으로 옳은 설명을 고르면?

금융 상품		(가)	(나)
		보유 비중(%)	
주식	○○(주)	30	20
	△△(주)	20	0
저축	보통예금	10	20
	정기적금	20	20
채권	국·공채	20	40

㉠ 직접금융 종류에 해당하는 상품 투자 보유 비중이 낮아졌다.
㉡ 수익성보다 안정성이 높은 상품 투자 보유 비중이 높아졌다.
㉢ 배당 수익을 받을 수 있는 자본 증권 투자 보유 비중이 높아졌다.
㉣ 일정 기간 동안 일정 금액을 예치하는 예금 보유 비중이 낮아졌다.

① ㉠㉡
② ㉠㉢
③ ㉡㉢
④ ㉡㉣
⑤ ㉠㉡㉢

16. 다음은 국민건강보험료를 산정하기 위한 소득월액 산정 방법에 대한 설명이다. 다음 설명을 참고할 때, 김갑동 씨의 신고 소득월액은 얼마인가?

소득월액은 입사(복직) 시점에 따른 근로자간 신고 소득월액 차등이 발생하지 않도록 입사(복직) 당시 약정되어 있는 급여 항목에 대한 1년치 소득총액에 대하여 30일로 환산하여 결정하며, 다음과 같은 계산 방식을 적용한다.
• 소득월액 = 입사(복직) 당시 지급이 약정된 각 급여 항목에 대한 1년간 소득총액 ÷ 365 × 30

〈김갑동 씨의 급여 내역〉
• 기본급 : 1,000,000원
• 교통비 : 월 100,000원
• 고정 시간외 수당 : 월 200,000원
• 분기별 상여금 : 기본급의 100%(1, 4, 7, 10월 지급)
• 하계휴가비(매년 7월 지급) : 500,000원

① 1,645,660원
② 1,652,055원
③ 1,668,900원
④ 1,727,050원
⑤ 1,740,000원

17. 4명의 회의 참석자가 일렬로 테이블에 앉았다. 각 좌석에 이름표를 붙여놓아 자리가 지정되어 있었으나 참석자들은 그 사실을 모르고 그냥 마음대로 자리에 앉았다. 이런 경우 한 명만 정해진 자신의 자리에 앉고, 나머지 세 명은 자신의 자리에 앉지 않게 될 경우의 수를 구하면?

① 4가지
② 6가지
③ 8가지
④ 10가지
⑤ 12가지

18. 다음은 과거 우리나라의 연도별 국제 수지표이다. 이에 대한 설명으로 옳은 것을 〈보기〉에서 고른 것은?

연도 / 항목	2012년	2013년	2014년
(가)	−35억 달러	−28억 달러	−1억 달러
상품수지	−30억 달러	−20억 달러	7억 달러
서비스수지	−10억 달러	−5억 달러	−12억 달러
(나)	10억 달러	−13억 달러	5억 달러
이전소득수지	5억 달러	10억 달러	−1억 달러
자본·금융계정	17억 달러	15억 달러	15억 달러
자본수지	5억 달러	7억 달러	−3억 달러
금융계정	12억 달러	8억 달러	18억 달러

※ 소득수지는 본원소득수지로, 경상이전수지는 이전소득수지로, 자본수지는 자본금융계정으로, 기타자본수지는 자본수지로, 투자수지는 금융계정으로 변경하여 현재 사용하고 있음.

〈보기〉

㉠ (가)의 적자가 지속되면 국내 통화량이 증가하여 인플레이션이 발생할 수 있다.
㉡ 국내 기업이 보유하고 있는 외국인의 배당금을 해외로 송금하면 (나)에 영향을 미친다.
㉢ 국내 기업이 외국에 주식을 투자할 경우 영향을 미치는 수지는 흑자가 지속되고 있다.
㉣ 외국 기업이 보유한 특허권 이용료 지불이 영향을 미치는 수지는 흑자가 지속되고 있다.

① ㉠㉡
② ㉠㉢
③ ㉡㉢
④ ㉢㉣
⑤ ㉡㉢㉣

19. 다음 표는 4개 고등학교의 대학진학 희망자의 학과별 비율(상단)과 그중 희망대로 진학한 학생의 비율(하단)을 나타낸 것이다. 이 표를 보고 추론한 내용으로 올바른 것은?

고등학교	국문학과	경제학과	법학과	기타	진학 희망자수
A	(60%) 20%	(10%) 10%	(20%) 30%	(10%) 40%	700명
B	(50%) 10%	(20%) 30%	(40%) 30%	(20%) 30%	500명
C	(20%) 35%	(50%) 40%	(40%) 15%	(60%) 10%	300명
D	(5%) 30%	(25%) 25%	(80%) 20%	(30%) 20%	400명

가. B고와 D고 중에서 경제학과에 합격한 학생은 D고가 많다.
나. A고에서 법학과에 합격한 학생은 40명보다 많고, C고에서 국문학과에 합격한 학생은 20명보다 적다.
다. 국문학과에 진학한 학생들이 많은 순서대로 세우면 A고→B고→C고→D고 순서가 나온다.

① 가
② 나
③ 다
④ 가, 나
⑤ 가, 나, 다

20. 다음은 영·유아 수별 1인당 양육비 현황에 대한 표이다. 이를 보고 바르게 해석하지 못한 것은?

구분 / 가구	영·유아 1인 가구	영·유아 2인 가구	영·유아 3인 가구
소비 지출액	2,141,000원	2,268,000원	2,360,000원
1인당 양육비	852,000원	662,000원	529,000원
총양육비	852,000원	1,324,000원	1,587,000원
소비 지출액 대비 총양육비 비율	39.8%	55.5%	69.0%

① 영·유아 수가 많은 가구일수록 1인당 양육비가 감소한다.
② 1인당 양육비는 영·유아가 3인 가구인 경우에 가장 많다.
③ 소비 지출액 대비 총양육비 비율은 영·유아 1인 가구인 경우에 가장 낮다.
④ 영·유아 1인 가구의 총양육비는 영·유아 3인 가구의 총양육비의 절반을 넘는다.
⑤ 영·유아 1인 가구와 영·유아 2인 가구의 총양육비 합은 영·유아 3인 가구 총양육비의 2배보다 적다.

발신인	(주)바디버디 권○○ 대리
수신인	갑, 을, 병, 정
내용	안녕하세요! (주)바디버디 권○○ 대리입니다. 올해 상반기 업계 매출 1위 달성을 기념하여 현재 특별 프로모션이 진행되고 있습니다. 이번 기회가 기업용 안마의자를 합리적인 가격으로 구입하실 수 있는 가장 좋은 시기라고 여겨집니다. 아래에 첨부한 설명서와 견적서를 꼼꼼히 살펴보시고 궁금한 사항에 대해서 언제든 문의하시기 바랍니다.
첨부파일	구매 관련 설명서 #1, #2, 견적서 #3, #4, #5

구매 관련 설명서 #1

구분	리스	현금구입(할부)
기기명의	리스회사	구입자
실 운영자	리스이용자(임대인)	구입자
중도 해약	가능	–
부가가치세	면세 거래	–
기간 만료	반납/매입/재 리스	–

구매 관련 설명서 #2

- 절세 효과 : 개인 사업자 및 법인 사업자는 매년 소득에 대한 세금을 납부합니다. 이때, 신고, 소득에 대한 과세대상금액에서 리스료(리스회사에 매월 불입하는 불입금)전액을 임차료 성격으로서 제외시킬 수 있습니다. (법인세법상 리스료의 비용인정 – 법인세법 제18조에 의거 사업용 자산에 대한 임차료로 보아 필요경비로 인정함.)

적용세율(주민세 포함)

법인 사업자		개인 사업자	
과세표준구간	적용세율	과세표준구간	적용세율
2억 이하	11.2%	1,200만 원 이하	8.8%
2억 초과	22.4%	1,200만 원 초과 ~4,600만 원 이하	18.7%
		4,600만 원 초과 ~8,800만 원 이하	28.6%
		8,800만 원 초과	38.5%

- 법인 사업자 절세 예시

예를 들어, ○○법인의 작년 매출액이 5억 원이고 비용이 2억8천만 원이라면 ○○법인은 수익 2억2천만 원을 과세표준으로 계산시 2,688만 원의 법인세가 부가됩니다.

> 과세표준 : 2억 이하 ⇒ 2억 원×11.2%=2,240만 원
> 과세표준 : 2억 초과 ⇒ 2천만 원×22.4%=448만 원
> 법인세 총액=2,688만 원

만약 ○○법인이 안마의자 리스를 이용하고 1년간 납부한 총 임대료가 2천만 원이었다면, 수익은 2억 원(⇒2억2천만 원−2천만 원)이 되고, 비용은 3억 원(2억8천만 원+2천만 원)이 됩니다.

이에 따라 수익 2억 원을 과세표준으로 하면 법인세 2,240만 원만 부과되어 448만 원(2,688만 원−2,240만 원=448만 원)의 절세효과를 얻으실 수 있습니다.

이를 통상 리스 약정기간인 3년으로 설정하는 경우 448만 원×3년=1,344만 원의 절세 효과를 얻으실 수 있습니다.

물론 리스 이용료가 크면 클수록 절세효과는 더욱 더 크게 누리실 수 있습니다.

견적서 #3

안마의자	모델명	Body Buddy Royal-7	
	선택사양	STMC-5400	색상

가격/원가 구성

가격 사항	기본가격	25,000,000	리스종류 (기간)	운용리스 (39개월)	
	프로모션	3,000,000	등록명의	리스사	
	탁송료		약정	39개월	
	안마의자 가격(리스 이용금액)	22,000,000	만기처리	반납 / 구매 / 재 리스	
초기부담금		2,500,000	월 납입금 (리스료)	39회	690,000
메모	리스 이용 프로모션 3,000,000 리스 이용시 연이율 8% 적용 설치일로부터 18개월 미만 해지시 위약금 – 남은 약정 금액의 20% 설치일로부터 18개월 이후 해지시 위약금 – 남은 약정 금액의 10%				

견적서 #4

안마의자	모델명	Body Buddy Royal-7	
	선택사양	STMC-5400	색상

가격/원가 구성

가격 사항	기본가격	25,000,000	할부 기간	39개월	
	프로모션	2,400,000	등록명의	개인	
	탁송료				
	안마의자 가격(할부 이용금액)	22,600,000			
초기부담금		2,500,000	월 납입금 (할부금)	39회	590,000
메모	할부 이용 프로모션 2,400,000 할부 이용시 연이율 3% 적용, 선금 10% 오를 시 할부 연이율 0.5% 하락				

견적서 #5

안마의자	모델명	Body Buddy Royal-7	
	선택사양	STMC-5400	색상

가격/원가 구성

가격사항	기본가격	25,000,000
	프로모션	1,800,000
	탁송료	
	안마의자 가격	23,200,000
메모	일시불 프로모션 1,800,000	

---

21. 개인이 할부로 안마의자를 구입하는 경우 500만 원의 초기비용을 지불하면 연이율은 몇 %가 적용되는가?

① 2.5% ② 3.0%
③ 3.5% ④ 4.0%
⑤ 4.5%

---

22. 법인사업자가 안마의자를 리스로 이용하다가 20개월이 된 시점에서 약정을 해지한다면 위약금은 얼마인가?

① 1,291,000원 ② 1,301,000원
③ 1,311,000원 ④ 1,321,000원
⑤ 1,331,000원

---

23. 다음은 위험물안전관리자 실무교육현황에 관한 표이다. 표를 보고 이수율을 구하면? (단, 소수 첫째 자리에서 반올림하시오)

실무교육현황별(1)	실무교육현황별(2)	2008
계획인원(명)	소계	5,897.0
이수인원(명)	소계	2,159.0
이수율(%)	소계	x
교육일수(일)	소계	35.02
교육회차(회)	소계	344.0
야간/휴일	교육회차(회)	4.0
교육실시현황	이수인원(명)	35.0

① 36.7 ② 41.9
③ 52.7 ④ 66.5
⑤ 72.5

---

24. 다음 자료에 대한 옳은 분석을 모두 고른 것은?

구분	물 자원량 (십 억m³)	1인당 물 자원량 (m³)	취수량 (십 억m³)	1인당 취수량 (m³)	용도별 취수 비중(%)		
					생활	공업	농업
인도	1,911	1,614	646	554	8	5	87
중국	2,830	2,117	630	472	7	26	67
미국	3,069	9,943	479	1,553	13	46	41
브라질	8,243	43,304	59	312	20	18	62
오스트레 일리아	492	23,593	24	1,146	15	10	75

ㄱ 중국은 미국보다 1인당 취수량이 많다.
ㄴ 미국은 인도보다 1인당 농업용수의 취수량이 많다.
ㄷ 오스트레일리아는 브라질보다 물 자원량에서 차지하는 취수량의 비중이 높다.
ㄹ 물 자원량이 많은 국가일수록 1인당 물 자원량이 많다.

① ㄱㄴ ② ㄱㄷ
③ ㄴㄷ ④ ㄴㄹ
⑤ ㄴㄷㄹ

| 25~26 | 다음은 커피 수입 현황에 대한 표이다. 물음에 답하시오.

(단위 : 톤, 천 달러)

구분	연도	2008	2009	2010	2011	2012
생두	중량	97.8	96.9	107.2	116.4	100.2
	금액	252.1	234.0	316.1	528.1	365.4
원두	중량	3.1	3.5	4.5	5.4	5.4
	금액	37.1	42.2	55.5	90.5	109.8
커피 조제품	중량	6.3	5.0	5.5	8.5	8.9
	금액	42.1	34.6	44.4	98.8	122.4

※ 1) 커피는 생두, 원두, 커피조제품으로만 구분됨
　　2) 수입단가 = 금액 / 중량

25. 다음 중 표에 관한 설명으로 가장 적절한 것은?

① 커피전체에 대한 수입금액은 매해마다 증가하고 있다.
② 2011년 생두의 수입단가는 전년의 2배 이상이다.
③ 원두 수입단가는 매해마다 증가하고 있지는 않다.
④ 2012년 커피조제품 수입단가는 2008년의 2배 이상이다.
⑤ 2012년 생두의 수입중량은 커피제조품의 20배 이상이다.

26. 다음 중 수입단가가 가장 큰 것은?

① 2010년 원두
② 2011년 생두
③ 2012년 원두
④ 2011년 커피조제품
⑤ 2012년 생두

27. 다음은 우리나라의 학력별, 성별 평균 임금을 비교한 표이다. 이에 대한 옳은 분석을 모두 고른 것은? (단, 고졸 평균 임금은 2014년보다 2016년이 많다.)

구분	2014년	2016년
중졸 / 고졸	0.78	0.72
대졸 / 고졸	1.20	1.14
여성 / 남성	0.70	0.60

> ㉠ 2016년 중졸 평균 임금은 2014년에 비해 감소하였다.
> ㉡ 2016년 여성 평균 임금은 2014년에 비해 10% 감소하였다.
> ㉢ 2016년 남성의 평균 임금은 여성 평균 임금의 2배보다 적다.
> ㉣ 중졸과 대졸 간 평균 임금의 차이는 2014년보다 2016년이 크다.

① ㉠㉡
② ㉠㉢
③ ㉡㉢
④ ㉢㉣
⑤ ㉠㉡㉢

28. 다음은 다문화 가정 자녀의 취학 현황에 대한 조사표이다. 이 표에 대한 바른 해석으로 가장 적절한 것은?

(단위 : 명, %)

연도	다문화 가정의 취학 학생 수			전체 취학 학생 대비 비율
	국제결혼 가정	외국인 근로자 가정	계	
2010	7,998	836	8,834	0.11
2011	13,445	1,209	14,654	0.19
2012	18,778	1,402	20,180	0.26
2013	24,745	1,270	26,015	0.35
2014	30,040	1,748	31,788	0.44

> ㉠ 2010년보다 2014년의 전체 취학 학생 수가 더 적다.
> ㉡ 다문화 가정 자녀의 교육에 대한 지원 필요성이 증가했을 것이다.
> ㉢ 2013년에 비해 2014년에 다문화 가정의 취학 학생 수는 0.09% 증가하였다.
> ㉣ 다문화 가정의 자녀 취학에서 외국인 근로자 가정의 자녀 취학이 차지하는 비중은 지속적으로 증가하였다.

① ㉠㉡
② ㉠㉢
③ ㉡㉢
④ ㉡㉣
⑤ ㉠㉡㉢

29.
다음에 제시된 상황을 보고 온라인게시판에 올라와 있는 한 고객의 상담요청을 받은 K가 요청된 내용에 따라 계산한 보증료로 적합한 것은?

보증회사의 회계팀 사원인 K는 신용보증과 관련된 온라인 고객상담 게시판을 담당하며 고객들의 문의사항을 해결하는 업무를 하고 있다.

◀보증심사등급 기준표▶

CCRS기반	SBSS기반	보증료율
K5		1.1%
K6	SB1	1.2%
K7		1.3%
K8	SB2	1.4%
K9	SB3	1.5%

◀보증료율 운용체계▶

① 보증심사 등급별 보증료율	• CCRS 적용기업(K5 ~ K9) • SBSS 적용기업(SB1 ~ SB3)	
② 가산요율	보증비율 미충족	0.2%p
	일부해지기준 미충족	0.4%p
	장기분할해지보증 해지 미이행	0.5%p
	기타	0.1%p ~ 0.6%p
③ 차감요율	0.3%p	장애인 기업, 창업초기기업
	0.2%p	녹색성장산업영위기업, 혁신역량 전파기업, 고용창출기업, 물가안정 모범업소
	0.1%p	혁신형 중소기업, 여성기업, 회계투명성 제고기업
	기타	경쟁력 향상, 창업지원 프로그램 대상 협약보증
④ 조정요율	차감	최대 0.3%p

- 가산요율과 차감요율은 중복적용이 가능하며, 조정요율은 상한선 및 하한선을 넘는 경우에 대해 적용
- 최종 적용 보증료율=①+②-③±④=0.5%(하한선)－2.0% (상한선) (단, 대기업의 상한선은 2.3%로 함)
- ※ 보증료 계산 : 보증금액×최종 적용 보증료율×보증기간/365

고객 상담 게시판

상담요청 : 보증료 관련 문의

안녕하세요.
저는 조그마한 회사를 운영하고 있는 자영업자입니다.
보증료 계산하는 것에 어려움이 있어 이렇게 질문을 남깁니다.
현재 저희 회사의 보증심사등급은 CCRS 기준 K6입니다.
그리고 보증비율은 미충족 상태이며, 작년에 물가안정 모범업소로 지정되었습니다.
대기업은 아니고 다른 특이사항은 없습니다.
보증금액은 150억이고 보증기간은 73일로 요청 드립니다.

① 2,400만 원
② 2,700만 원
③ 3,200만 원
④ 3,600만 원
⑤ 3,800만 원

30.
동물인형을 파는 상점이 있다. 판다, 토끼, 사슴, 사자, 기린 인형을 파는데 판다 인형의 판매가격이 1,000원이다. 여러 동물 인형의 가격이 다음과 같다면 사자 인형의 판매가격은 얼마인가?

- ㉠ 사슴 인형의 가격은 판다와 토끼 인형의 가격을 합한 금액이다.
- ㉡ 사자 인형과 토끼 인형의 가격을 합한 것은 기린 인형의 가격이다.
- ㉢ 판다 인형 4개와 사자 인형 2개의 가격을 더하면 사슴 인형 2개를 살 수 있다.
- ㉣ 판다 인형 2개와 사자 인형 4개의 가격은 2개의 기린 인형 가격과 같다.
- ㉤ 기린 인형 4개, 사슴 인형 3개의 가격은 토끼 인형 5개, 판다 인형 7개, 사자 인형 5개의 가격과 같다.
- ㉥ 사자 인형 5개와 기린 인형 2개의 가격은 같다.

① 2,000원
② 3,000원
③ 4,000원
④ 5,000원
⑤ 6,000원

31. 다음 대화 중 주체 높임 표현이 쓰이지 않은 것은?

경미 : 원장 선생님께서는 어디 가셨나요?
㉠ 서윤 : 독감 때문에 병원에 가신다고 아까 나가셨어요.
㉡ 경미 : 맞다. 며칠 전부터 편찮으시다고 하셨지.
㉢ 서윤 : 연세가 많으셔서 더 힘드신가 봐요.
㉣ 경미 : 요즘은 약이 좋아져서 독감도 쉽게 낫는다고 하니 다 행이지요.
㉤ 서윤 : 그래요. 원장 선생님께서는 원래 건강하신 분이니까요.

① ㉠   ② ㉡
③ ㉢   ④ ㉣
⑤ ㉤

32. 다음 글을 읽고 김 실장이 인도에의 진출을 반대한 이유로 가장 적절한 것은?

이 차장은 시장조사를 하다가 가구의 수와 가구의 생애주기 단계는 현재와 미래의 제품과 서비스 수요에 상당한 영향력을 발휘함을 알게 되었다. 2012년 전 세계의 가구당 평균 인원은 3.5명이다. 인도, 아시아 개도국, 북아프리카와 중동 등 평균 출생률이 높고 젊은 층의 인구가 많으며, 교육 수준이 낮은 지역은 가구당 평균 인원이 많다. 그리고 일반적으로 인구가 많은 수도권 부근이 그 외의 지역에 비해서 훨씬 더 많은 소비가 나타나고 있다는 것을 보았을 때, 향후 인구가 급속하게 늘어날 것으로 예상되는 인도시장에 빨리 진출해야 한다고 생각했다. 한편, 김 실장은 향후 전 세계적으로 두드러진 트렌드 중 하나인 자녀 없는 가구, 즉 19세 미만의 가족 구성원이 없는 가구의 수가 늘어난다는 사실을 알게 되었다. 자녀가 없는 소규모 가구로의 편중 현상은 휴양, 여행, 건강관리, 외식 등 재량 소비 증가의 주된 원인이 될 것이다. 10가구 중 9가구가 자녀가 있는 인도와 달리 2012년 기준 중국 가구의 53%가 자녀가 없고, 통계 자료에 따르면 2032년 그 비율은 63%에 달한다. 최근 몇 년 동안 중국 소비 시장에서 재량 소비가 빠르게 증가하고 있는 이유가 여기에 있는 것이다. 이 차장이 인도시장 선점을 제안했을 때, 김 실장은 고개를 저었다.

① 이 차장은 젊은 층의 소비행태를 간과하였다.
② 국내 시장을 선점하기 전에 해외시장 진출은 무모하다.
③ 인도의 중산층 가구의 급속한 부상을 고려하지 않은 전략이다.
④ 근로자 1인당 부양가족 수가 많아지면 저축을 하거나 재량 소비를 늘릴 여력이 없다.
⑤ 인도의 인구 증가 추세보다 중국의 인구 증가 추세가 가파르다.

33. 다음 안내사항을 바르게 이해한 것은?

2015년 5월 1일부터 변경되는 "건강보험 임신·출산 진료비 지원제도"를 다음과 같이 알려드립니다.

건강보험 임신·출산 진료비 지원제도란 임신 및 출산에 관련한 진료비를 지불할 수 있는 이용권(국민행복카드)을 제공하여 출산 친화적 환경을 조성하기 위해 건강보험공단에서 지원하는 제도입니다.
• 지원금액 : 임신 1회당 50만원(다태아 임신부 70만원)
• 지원방법 : 지정요양기관에서 이용권 제시 후 결제
• 지원기간 : 이용권 수령일~분만예정일+60일
가. 시행일 : 2015.5.1.
나. 주요내용
(1) '15.5.1. 신청자부터 건강보험 임신·출산 진료비가 국민행복카드로 지원
(2) 건강보험 임신·출산 진료비 지원 신청 장소 변경
(3) 지원금 승인코드 일원화(의료기관, 한방기관 : 38코드)
(4) 관련 서식 변경
- 변경서식 : 건강보험 임신·출산 진료비 지원 신청 및 확인서 (별지 2호 서식)
- 변경내용 : 카드구분 폐지

① 건강보험 임신·출산 진료비 지원제도는 연금공단에서 지원하는 제도이다.
② 임신지원금은 모두 동일하게 일괄 50만원이 지급된다.
③ 지원금 승인코드는 의·한방기관 모두 '38'코드로 일원화된다.
④ 지원기간은 이용권 수령일로부터 분만예정일까지이며 신청자에 한해서 기간이 연장된다.
⑤ 국민행복카드는 국내 모든 산부인과에서 이용이 가능하다.

34. ○○은행에서 창구업무를 보던 도중 한 고객이 입금하려던 예금액 500만 원이 분실되었다. 경찰은 3명의 용의자 A, B, C를 검거하였다. 그러나 세 명의 용의자는 하나같이 자신이 범인이 아니라고 했지만 셋 중 하나가 범인임에 틀림없다. 세 사람이 각각 진술한 3개의 진술 중 하나의 진술은 참이고, 나머지는 거짓이다. 다음 중 범인과 참인 진술로 바르게 짝지어진 것은?

> A의 진술
> ㉠ B가 범인이다.
> ㉡ 우리 집에는 사과가 많이 있다.
> ㉢ 나는 C를 몇 번 만난 적이 있다.
>
> B의 진술
> ㉠ 내가 범인이다.
> ㉡ A의 두 번째 말은 거짓이다.
> ㉢ A와 C는 한 번도 만난 적이 없다.
>
> C의 진술
> ㉠ A가 범인이다.
> ㉡ B의 두 번째 말은 진실이다.
> ㉢ 나는 A를 한 번도 만난 적이 없다.

① 범인은 C, 참인 진술은 A의 ㉢ - B의 ㉡
② 범인은 A, 참인 진술은 A의 ㉡ - C의 ㉠
③ 범인은 C, 참인 진술은 C의 ㉡ - B의 ㉢
④ 범인은 B, 참인 진술은 A의 ㉢ - C의 ㉢
⑤ 범인은 C, 참인 진술은 A의 ㉡ - B의 ㉢

35. 다음 글을 순서에 맞게 배열한 것은?

> ㉠ 또 '꽃향기'라는 실체가 있기 때문에 꽃의 향기를 후각으로 느낄 수 있다고 생각한다.
> ㉡ 왜냐하면 우리가 삼각형을 인식하는 것은, 실제로 '삼각형'이라는 것이 있다고 생각하기 때문이다.
> ㉢ 삼각형은 세모난 채로, 사각형은 각진 모습으로 존재한다고 생각한다.
> ㉣ 우리는 보고, 듣고, 느끼는 그대로 세상이 존재한다고 믿는다. 이처럼 보고, 듣고, 냄새 맡고, 손끝으로 느끼는 것, 우리는 이 모든 것을 통틀어 '감각'이라고 부른다.

① ㉢ - ㉡ - ㉣ - ㉠ ② ㉢ - ㉣ - ㉠ - ㉡
③ ㉣ - ㉠ - ㉢ - ㉡ ④ ㉣ - ㉢ - ㉡ - ㉠
⑤ ㉣ - ㉢ - ㉠ - ㉡

36. 다음 중 A, B, C, D 네 명이 파티에 참석하였다. 그들의 직업은 각각 교사, 변호사, 의사, 경찰 중 하나이다. 다음 내용을 읽고 〈보기〉의 내용이 참, 거짓 또는 알 수 없음을 판단하면?

> ① A는 교사와 만났지만, D와는 만나지 않았다.
> ② B는 의사와 경찰을 만났다.
> ③ C는 의사를 만나지 않았다.
> ④ D는 경찰과 만났다.

> 〈보기〉
> ㉠ C는 변호사이다.
> ㉡ 의사와 경찰은 파티장에서 만났다.

① ㉠과 ㉡ 모두 참이다.
② ㉠과 ㉡ 모두 거짓이다.
③ ㉠만 참이다.
④ ㉡만 참이다.
⑤ 알 수 없다.

37. 갑, 을, 병 세 명은 사업장 가입자, 지역가입자, 임의가입자 중 각기 다른 하나의 자격을 가지고 있다. 이들 세 명 중 한 명만이 진실을 말하고 있을 경우, 다음과 같은 진술을 통하여 항상 참인 명제가 아닌 것은 어느 것인가?

> • 갑 : 나는 지역가입자이다.
> • 을 : 나는 지역가입자가 아니다.
> • 병 : 나는 임의가입자가 아니다.

① 갑은 임의가입자이다.
② 병은 지역가입자이다.
③ 갑은 사업장 가입자가 아니다.
④ 을은 지역가입자이다.
⑤ 병은 임의가입자가 아니다.

38. 다음 〈상황〉과 〈조건〉을 근거로 판단할 때 옳은 것은?

〈상황〉

A대학교 보건소에서는 4월 1일(월)부터 한 달 동안 재학생을 대상으로 금연교육 4회, 금주교육 3회, 성교육 2회를 실시하려는 계획을 가지고 있다.

〈조건〉

- 금연교육은 정해진 같은 요일에만 주 1회 실시하고, 화, 수, 목요일 중에 해야 한다.
- 금주교육은 월요일과 금요일을 제외한 다른 요일에 시행하며, 주 2회 이상은 실시하지 않는다.
- 성교육은 4월 10일 이전, 같은 주에 이틀 연속으로 실시한다.
- 4월 22일부터 26일까지 중간고사 기간이고, 이 기간에 보건소는 어떠한 교육도 실시할 수 없다.
- 보건소의 교육은 하루에 하나만 실시할 수 있고, 토요일과 일요일에는 교육을 실시할 수 없다.
- 보건소는 계획한 모든 교육을 반드시 4월에 완료하여야 한다.

① 금연교육이 가능한 요일은 화요일과 수요일이다.
② 4월 30일에도 교육이 있다.
③ 금주교육은 4월 마지막 주에도 실시된다.
④ 성교육이 가능한 일정 조합은 두 가지 이상이다.
⑤ 4월 둘째 주에는 금연교육, 금주교육, 성교육이 모두 시행된다.

39. 다음 조건을 바탕으로 미연의 거주지와 직장이 위치한 곳을 바르게 짝지은 것은?

㉠ 수진, 미연, 수정은 각각 종로, 명동, 강남 중 각각 한 곳에 거주한다.
㉡ 수진, 미연, 수정은 각각 종로, 명동, 강남 중 각각 한 곳에 직장을 다니며, 세 사람 모두 자신의 거주지와 직장의 위치는 다르다.
㉢ 수진은 지금 수정의 직장이 위치한 곳에 거주한다.
㉣ 수정은 종로에 거주하지 않는다.
㉤ 수정과 미연은 명동에 거주하지 않는다.
㉥ 수진의 직장이 위치한 곳은 종로이다.

거주지	직장
① 종로	강남
② 명동	종로
③ 강남	명동
④ 종로	명동
⑤ 강남	종로

40. 다음 조건을 바탕으로 김 대리가 월차를 쓰기에 가장 적절한 날은 언제인가?

㉠ 김 대리는 반드시 이번 주에 월차를 쓸 것이다.
㉡ 김 대리는 실장님 또는 팀장님과 같은 날, 또는 공휴일에 월차를 쓸 수 없다.
㉢ 팀장님이 월요일에 월차를 쓴다고 하였다.
㉣ 실장님이 김 대리에게 우선권을 주어 월차를 쓸 수 있는 요일이 수, 목, 금이 되었다.
㉤ 김 대리는 5일에 붙여서 월차를 쓰기로 하였다.
㉥ 이번 주 5일은 공휴일이며, 주중에 있다.

① 월요일
② 화요일
③ 수요일
④ 목요일
⑤ 금요일

41. 귀하는 커피 전문점을 운영하고 있다. 아래와 같이 엑셀 워크시트로 4개 지점의 원두 구매 수량과 단가를 이용하여 금액을 산출하고 있다. 귀하가 다음 중 D3셀에서 사용하고 있는 함수식으로 옳은 것은? (단, 금액 = 수량 × 단가)

	A	B	C	D	E
1	지점	원두	수량(100g)	금액	
2	A	케냐	15	150000	
3	B	콜롬비아	25	175000	
4	C	케냐	30	300000	
5	D	브라질	35	210000	
6					
7		원두	100g당 단가		
8		케냐	10,000		
9		콜롬비아	7,000		
10		브라질	6,000		
11					

① =C3*VLOOKUP(B3, $B$8:$C$10, 1, 1)
② =B3*HLOOKUP(C3, $B$8:$C$10, 2, 0)
③ =C3*VLOOKUP(B3, $B$8:$C$10, 2, 0)
④ =C3*HLOOKUP($B$8:$C$10, 2, B3)
⑤ =C3*VLOOKUP($B$8:$C$10, 2, C3)

42. 인사팀에서 근무하는 J씨는 회사가 성장함에 따라 직원 수가 급증하기 시작하면서 직원들의 정보관리 방법을 모색하던 중 다음과 같은 A사의 직원 정보관리 방법을 보게 되었다. J씨는 A사가 하고 있는 이 방법을 회사에도 도입하고자 한다. 이 방법은 무엇인가?

> A사의 인사부서에 근무하는 H씨는 직원들의 개인정보를 관리하는 업무를 담당하고 있다. A사에서 근무하는 직원은 수천 명에 달하기 때문에 H씨는 주요 키워드나 주제어를 가지고 직원들의 정보를 구분하여 관리하여, 찾을 때도 쉽고 내용을 수정할 때도 이전보다 훨씬 간편할 수 있도록 했다.

① 목록을 활용한 정보관리
② 색인을 활용한 정보관리
③ 분류를 활용한 정보관리
④ 1:1 매칭을 활용한 정보관리
⑤ 참조를 활용한 정보관리

43. 수현이와 지혜는 강릉으로 가기 위해 고속버스를 이용하기로 했다. 그렇게 두 사람은 표를 예매하고 승차시간까지 기다리다 우연히 승차권의 뒷면을 보게 되었다. 이때 다음의 그림을 보고 "운송약관 중 7번"에 대한 정보내용에서 서비스의 어떠한 측면과 가장 관련성이 있는지 추측한 내용으로 가장 올바른 것은?

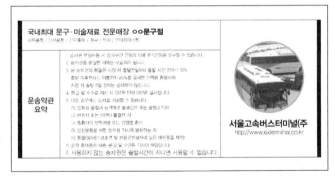

① 서비스는 재고의 형태로 보관할 수 없다.
② 서비스는 유형의 상품에만 적용된다.
③ 서비스는 시공간적으로 분리가 가능하다.
④ 가변성으로 인해 서비스의 내용이 달라질 수 있다.
⑤ 서비스는 표준화되어 있어 표본 추출이 가능하다.

44. 대한고등학교 3학년 동창인 원모, 연철, 형일, 지훈이는 추석 명절을 맞아 부모님을 찾아뵙기 위해 열차승차권을 예매하려고 한다. 이들 네 사람 중 아래에 제시된 추석 열차편 예매 안내문을 가장 잘못 이해하고 있는 사람을 고르면?

[2019년 추석 승차권 예매 안내]
▶ 대상기간 : 2019. 9. 10.(화)~9.13.(금, 추석)~9.15.(일), 6일간
▶ 대상승차권 : 무궁화호 이상 모든 열차승차권
▶ 예매기간 및 주요내용

예매일	시간	판매 매체	대상 노선
8.17. (토)	06:00~12:00	홈페이지(인터넷)	경부, 경전, 경북, 대구, 충북, 경의, 경원, 동해선, 동해남부선
	09:00~11:00	역·승차권 판매대리점	
8.18. (일)	06:00~12:00	홈페이지(인터넷)	호남, 전라, 장항, 중앙, 태백, 영동
	09:00~11:00	역·승차권 판매대리점	

※ 지정한 역 및 승차권 판매대리점에서 예매하실 수 있습니다.
※ 코레일톡(앱), 철도고객센터(ARS 포함), 자동발매기에서는 승차권을 예매하실 수 없습니다.

① 형일 : 이번 추석승차권 대상기간은 6일 동안이야.
② 원모 : 8월 17일에는 경부선과 동해남부선 예매가 가능해.
③ 지훈 : 나는 추석날에 호남선을 이용해야 하는데 아침 6시부터 인터넷 홈페이지에서 예매를 하면 되겠어.
④ 연철 : 이 기간 동안에 열차승차권 예매를 한다면 지하철 승차권도 해당되겠군.
⑤ 수진 : 9월 15일에 영동선을 이용하려면 8월 18일 오전에 예매를 하는 게 좋겠군.

45. 가희, 나희, 다희, 라희, 마희는 이번에 ㈜○○에 새로 입사를 하게 되었고 얼마 되지 않아 프로젝트 팀에 차출되어 팀원들과 태스크 포스 팀을 이루게 되었다. 그 첫 번째로 다섯 사람은 차출되어 온 직원들과의 효율적인 협업을 위해 사내 메신저를 설치하게 되었다. 다음 중 아래의 그림을 보고 이들 다섯 사람이 모여서 이야기 한 내용으로 가장 옳지 않은 항목을 고르면?

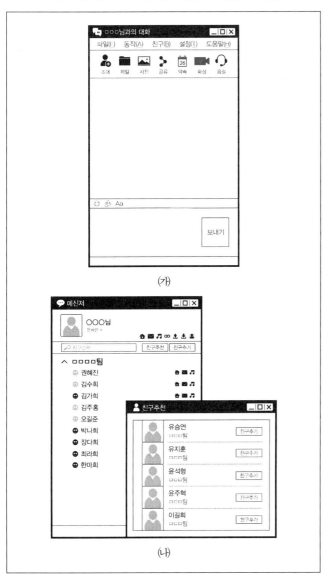

(가)

(나)

① 가희 : 메신저를 사용하면 상대방이 인터넷에 접속해 있는지를 확인할 수 없어서 너무 답답해.

② 나희 : 컴퓨터로 업무를 하면서 메시지를 주고받을 수 있어.

③ 다희 : 여러 사람과의 화상채팅이나 음성채팅도 지원해 줘서 좋아.

④ 라희 : 메신저를 사용하면 회사에서 작성한 동영상 파일을 보낼 수 있어.

⑤ 마희 : 팀별로 친구 구분이 되어서 헷갈리지 않고 좋네.

|46~48| 다음 △△그룹 물류창고의 책임자와 각 창고 내 보관된 제품의 코드 목록을 보고 물음에 답하시오.

책임자	제품코드번호	책임자	제품코드번호
강경모	15063G0200700031	고건국	15046O0401900018
공석준	15033G0301300003	나경록	15072E0200900025
문정진	15106P0200800024	박진철	15025M0401500008
송영진	15087Q0301100017	신현규	15111A0100500021
지석원	15054J0201000005	최용상	15018T0401700013

생산 연월	생산공장		제품종류		생산 순서
	지역 코드	고유번호	분류 코드	고유번호	
• 1503 −2015년 3월 • 1512 −2015년 12월	1 경기도	A 1공장	01 침실 가구	001 침대	00001 부터 시작하여 생산 순서대로 5자리의 번호가 매겨짐
		B 2공장		002 매트리스	
		C 3공장		003 장롱	
	2 울산	D 1공장		004 서랍장	
		E 2공장		005 화장대	
		F 3공장		006 거울	
	3 부산	G 1공장	02 거실 가구	007 TV	
		H 2공장		008 장식장	
		I 3공장		009 소파	
	4 인천	J 1공장		010 테이블	
		K 2공장	03 서재 가구	011 책꽂이	
		L 3공장		012 책상	
	5 대구	M 1공장		013 의자	
		N 2공장		014 책장	
	6 광주	O 1공장	04 수납 가구	015 선반	
		P 2공장		016 공간박스	
	7 제주	Q 1공장		017 코너장	
		R 2공장		018 소품 수납함	
	8 대전	S 1공장		019 행거	
		T 2공장		020 수납장	

〈예시〉

2015년 9월에 경기도 1공장에서 15번째로 생산된 침실가구 장롱 코드 1509-1A-01003-00015

1509	1A	01003	00015
(생산연월)	(생산공장)	(제품종류)	(생산순서)

46. △△그룹의 제품 중 2015년 5월에 부산 3공장에서 19번째로 생산된 서재가구 책상의 코드로 알맞은 것은?

① 15051C0301300019 ② 15053I0301200019

③ 15053I0301100019 ④ 15051C0301400019

⑤ 15053I0312000019

47. 1공장에서 생산된 제품들 중 현재 물류창고에 보관하고 있는 거실가구는 모두 몇 개인가?

① 1개 ② 2개

③ 3개 ④ 4개

⑤ 5개

48. 다음 중 광주에서 생산된 제품을 보관하고 있는 물류창고의 책임자들끼리 바르게 연결된 것은?

① 고건국 – 문정진 ② 강경모 – 공석준

③ 박진철 – 최용상 ④ 나경록 – 지석원

⑤ 신현규 – 최용상

49. 다음은 K쇼핑몰의 날짜별 판매상품 정보 중 일부이다. 다음의 파일에 표시된 대분류 옆의 ▼를 누르면 많은 종류의 상품 중 보고 싶은 대분류(예를 들어, 셔츠)만을 한눈에 볼 수 있다. 이 기능은 무엇인가?

① 조건부 서식 ② 찾기

③ 필터 ④ 정렬

⑤ 검토

50. 다음의 알고리즘에서 인쇄되는 S는?

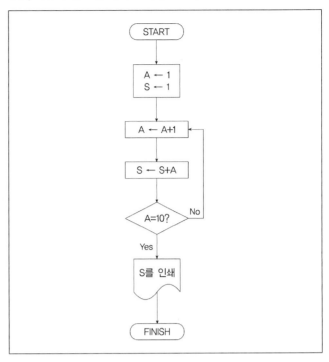

① 36 ② 45

③ 55 ④ 66

⑤ 68